HARTMUT RONGE

SCHWÄBISCHE DUMM-BEUTELEIA

ZIEMLICH BESCHTE SPRÜCH FÜR ÄLLE GELEGAHEITA

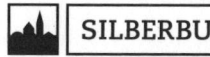
SILBERBURG

Hartmut Ronge ist leidenschaftlicher Zitaten-, Wort- und Peinlichkeitensammler, vielseitiger Autor im Bereich Humor & Satire, Sachbuch und Mundart – und schreibt für verschiedene Verlage.

Der passionierte Hausschuh-Hasser, TV-Sportmoderatoren-Verbesserer, Toilettenpapierrollen-Richtigherumhänger, Nasenhaarzupfer und Adventskalender-Vorzeitig-Öffner lässt sich schon seit vielen Jahren immer wieder zum 38. Geburtstag gratulieren – das hält jung.

Hartmut Ronge lebt mit seiner Regierung, zwei Kindern und ohne Hund in Stuttgart.

Sollte dieses Werk Links auf Webseiten Dritter enthalten, so machen wir uns die Inhalte nicht zu eigen und übernehmen für die Inhalte keine Haftung.

1. Auflage 2020

© 2020 by Silberburg-Verlag GmbH,
Schweickhardtstraße 5a, D-72072 Tübingen.
Alle Rechte vorbehalten.
Umschlaggestaltung, Layout und Satz: Björn Locke, Nürtingen.
Bildnachweis: S. 27-38, 40-44, 59-62: Freepik;
S. 71-78: rawpixel.com/Freepik
Lektorat: Torsten Schöll, Stuttgart.
Druck: CPI books, Leck.
Printed in Germany.

ISBN 978-3-8425-2331-9

Besuchen Sie uns im Internet und entdecken Sie die Vielfalt unserers Verlagsprogramms: **www.silberburg.de**

Ihre Meinung ist uns wichtig für unsere weitere Verlagsarbeit. Senden Sie uns Ihre Kritik und Anregungen an: **meinung@silberburg.de**

INHALT

VORWORT

Schwaben sind kreativ, humorvoll, aber auch gern mal direkt. Da ist es immer gut, wenn man für jede Situation den passenden Spruch zur Hand hat.

In diesem Büchlein finden sich die schönsten, witzigsten und befreiendsten Dummbeuteleien auf Schwäbisch – ein ganzer Sack voll mit originellen Texten, Argumenten und Ausdrucken zum Schimpfen, Scherzen, Bruddeln, Ärgern, Gratulieren, Angeben und Besserwissen.

Mit diesen Sprüchen, Redensarten und schwäbischen Weisheiten ist man immer bestens gewappnet – gegen Freund oder Feind, innerhalb der Familie oder für sein Schätzle, gegen Nachbarn, Einheimische oder Außerschwäbische.

In diesem Sinne: Viel Spaß beim Schmökern und Lachen – und bei der (hoffentlich immer richtigen) Anwendung des Gelesenen ...

's Alder wird net besser,
wemmer uff Schbässle verzichtet!

REIFE PFLAUMA HEN DIE BESCHTE KERN!

Alde Haut sieht ao ohne Dadduus scheiße aus!

DU HOSCH JETZT GENAU 'S RICHTIGE ALDER – MUASCH BLOSS NO RAUSFENDE, WOFÜR!

Du wirsch von Johr zu Johr wertvoller:
Silber em Hoor, Gold en dr Gosch.
Ond Titan en de Knocha.

```
I BEN INTELLIGENT,
SEXI OND SCHARMANT.
I KA NET AO NO JONG SEI!
```

I han jetzt echt ausgfallena Sex:
Mondich ausgfalla, Daischtich ausgfalla,
Middwoch ausgfalla …

WENN DIE KERZA MEH KOSCHTET
WIA DR KUCHA – NO BISCH ALD!

Em Alder wird mr emmer knackiger.
Mol knackts vorna, mol knackts henda.

ÄLLE DÄÄG VERSCHWENDET OLDIES EM INTERNET – WEIL DIE DUBBL »ALT« OND »ENTFERNA« DRUGGET.

**Kosmeedig isch die Kunscht,
aus dr Not a Jugend zu macha.**

*Noi, i ben net miad.
Bloß a Opfr dr Gähntechnik!*

Alder isch koi Ausred!

MEISCHT ISCH MR GAR NET SO ALD, WIE MR GRAD AUSSIEHT.

Koi Aldr isch so schlemm wia's oigene!

 *Komm du erscht amol en dei Alder!*

**Du wirsch em Alder emmer scheener!
Du siehsch jetzt scho aus wie em nägschda Johr.**

ALKOHOL HÄLD JONG!
WENN DE Z' VIEL DRVO SAUFSCH,
WIRSCH NET ALD!

Wenn de hondert bisch, hosch's gschafft –
weil, statistisch gsä, sterbet nô bloß no ganz wenige …

WER DR GREND EN
DR SAND STECKT, DEN ERKENNT
MR AM HENDERDOIL.

**Willsch d'Woohret oder
ebbes Schees heera?**

**ERFAHRONG ISCH DEES,
WAS DE KRIAGSCH,
WENN DE NET KRIAGSCH,
WAS DE WILLSCH.**

Solang de selbr ällaweil
Kendrgeburtsdaag feiersch,
bisch net ald!

I BEN A SONDRMODELL. REKLAMAZIOO OND OMDAUSCH AUSGSCHLOSSA!

I ben jetzt en ma Alder, wo i woiß, was i will.
Jetzt wart i uff des Alder, wo i's ao griag.

Ond 's gibt äba doch a Läba vor em Dood!

En meim Alder hot mr älles gsä, älles gheert,
älles gläsa, älles glernt, älles ausbrobiert.
I kâ mi bloß an nix meh erinnra ...

Ald isch mr erscht, wemmer älles do kâ, was oim schadet.

Em Alder sen die Zää en dr Gosch wie d' Stern: Nachts kommet se raus.

Mei Läba isch no lang net am End.
Ab jetzt kommet die Zugaba!

```
KOI HÄUSLE. KOIN KARRA.
     KOI  BÖÖTLE.
  ABER ALD OND XOND!
```

**Gwieß wirsch du bald heiliggsprocha –
so oft, wia i mi scho ieber di gwondert han ...**

Was de net ombrengt, dosiersch
beim nägschda Mol oifach a bissle höher ...

**DU BISCH NET ALD –
DU BISCH JONG HOCH DREI!**

I ben jetzt en ma Alder,
wo i scho längscht raus sei müsst.

WEMMER SEI GWICHT HALDA WILL, MUASS MR AO MOL GRILLA, WEMMER KOIN HONGER HOT.

**Scho wiedr Geburtsdaag?
Älles Guade zom Älternobnd!**

MÄNNER WERDET NET ÄLDER.
ABER D' SCHBIELSACHA WERDET DEIRER!

Dr Mensch isch wie a Heizong.
Isch 'r hee, isch 'r kald.

`SOLANGS SCHBASS MACHT,`
`ISCH 'S ALDER EGAL!`

's beschde Rezept fier 's Alder:
Jedn Mischt macha könna – ond drzua
a schlechts Gedächtnis!

**Mein Dokter hot mr Wechslbädr verschrieba.
Bei wem kâ i morga bada?**

MR WIRD EMMER
REIFER OND REIFER ...
OND PLUMPS ...
BISCH FALLOBSCHD!

Chilla isch die Kunscht,
sich beim Ausruha net zom langweila.

I HAN JETZT GENAU
'S RICHTIGE ALDER.
MUSS BLOSS NO RAUSFENDA,
WOFIER.

**Die erschte fuffzig Johr von dr Kendheit
sen die schlemmschte! Nô gohts.**

*Em Alder isch älles halb so
schlemm, aber dobblt so guad.*

Moogsch du schbäter amole
onsre Kender ens Bett brenga?

**I HAN HERZRASA!
KOMMSCH MÄHA?**

**Tschuldigong, i schreib grad 's neie
Telefobuach ond sott dei Nommer han.**

*Kâ i mol dein Puls fiahla?
Du hosch mi âguggt
ond siehsch so erregt aus.*

Hoisch du Google?
Weil du bisch älles, was i gsucht han.

**I HOISS TOY, I BEN DEI
SPIELZEIG FIER HEIT NACHT.**

**Kaasch du ebbes für di bhalda?
Mi – ond zwar fier emmer!**

Du bisch so hoiß, du muasch
dr Grond fier d' Erderwärmong sei.
Koi Wondr, dass die Gletschr schmelzat,
weil i schmelz ja ao scho.

 I HAN MEINE SCHLISSL VERLORA –
KÖNNT I BEI DIR SCHLOOFA?

Tschuldigong, i ben neu em Städtle.
Kenndesch du mir bidde saga,
wie i zu deinera Wohnong komm?

I BEN JA SOOO MIAD,
BIDDE SEI SO GUAD OND
BRENG MI EN DEI BETT.

Merg dir mein Nâma. Du wirsch 'n
bschdemmt d' ganz Nacht schreia.

DÄÄDSCH DU MI BHALDA,
WENN I DIR BIS HOIM
NÔCHLAUFA DÄÄD?

I ben vom ADAC ond dääd di
heit Obnd gern abschlebba.

BISCH DU A AUSSERIRDISCHE?
WEIL SO EBBES SCHEES GIBT'S BEI ONS
DA HONDA UFF DERA ERD NET ...

I hoff, du bisch guad versichert –
du hosch mr nemlich grad en Hubbl
en d' Hoos gmacht!

HOISCH DU ZUGGR, ODER
WOROM BISCH DU SO SIASS?

Was wär dr liabr: Erscht schee essa ganga –
oder soll i di gleich mit Liabe füddra?

I BEN ORGANSCHBENDR,
BRAUCHSCH EBBES ONDAROM?

I ben jetzt dô. Dei Such hot a End!

DERF I UFF A MAULSCHELL MIT RUFFKOMMA?

Mr secht ja, die greeschte Schätz lieget ondr dr Erd. Aber i kâ di doch net oifach eibuddla!

I du di scho a baar Schtond beobachta – ond jetzt frôg i mi, wie onsre Kendr wohl aussäha däädet.

Deine Kloidr däädet sich echt subbr uff meim Schloofzemmrboda macha!

KENNT I A FODDO VO DIR HAN? DAMIT I EM WEIHNACHTSMÂ ZEIGA KÂ, WEN I MR WENSCH.

Wella mr a bissle Mathe iaba? Mr könntet ons addiera, onsre Klamotta abzieha, onsre Fiaß doila ond ons multipliziera...

Dr Hemml vermisst en Engl.
Aber muasch dr koine Sorga macha,
i verrôt di net.

ALSO I FEND, DEIN VORNAMA BASSD SUBBR ZU MEIM NACHNAMA!

Moogsch du Tierla?
Guad, nô han i glaub en Hond.

I däd di zur Beobachdong gern ieber Nacht dôbhalda.

Mei Zong isch ganz verschbannt.
Wie wärs mit 'ra Massaasch?

```
DU BISCH WIRGLICH
D' SIASSESCHTE PRALLINÉ
UFF DR WELD. DERF I DEI
FÜLLONG SEI?
```

I han koi Navi – däädsch du mir
d'Richdong zu deim Herza zoiga?

 DU, I DÄÄD ECHT GERN WISSA,
WIE DU EM LIAGA AUSSIEHSCH!

Wenn du mi vrkussa willsch,
gib mr a Zoicha ond du oifach a Weile atma.

I HAN MI VERLAUFA.
DIRFT I BIDDE MIT ZU DIR?

Irgendwo han i di scho amole
gsä – kâ des sai, dass du die Frau
aus meine ganze Draim bisch?

Hallöle, i ben Nichtschwemmer.
Däädsch du mi bidde redda?

Sen deine Eldra vielleicht Architekta?
Du bisch so verdammt guad baut.

**I däd gern bei dir landa. Könntesch du mir
mol bidde dei Landebähnle zoiga?**

**DU HASCH ABER SCHEENE KLAMOTTA Â.
KÂ I DIR DÔ RAUSHELFA?**

Könnt i heit Nacht bei dir schloofa?
Mei Bett ioch nämlich hee.

*I muaß a Lämple sei.
Emmer wenn i di säh,
machsch du mi â!*

I ben Omzuagshelfer.
Kâ i dir beim Auszieha helfa?

SCHWITZSCH DU AO SO?
I GLAOB, MR SOTTAT ZAMMA
DUSCHA GANGA!

I däd mol gern mit dir frühschdigga.
Derf i di zom Obndessa eilada?

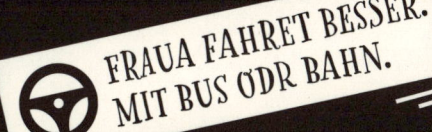

Audouffkläber:

**NED FOLGA –
I HAN MI AO VERFAHRA!**

**Reglmäßigr Biergenuss kâ zu
Scheinschwangrschafta bei Männer fiehra.**

ALKOHOL VRKIRZT 'S LÄBA.
BSONDERS EN DR BOIZ VRGOHT D' ZEIT
EXTREM SCHNELL.

Net vergessa: Heit isch Welt-Alzheimerdaag.

*Bidde draußableiba
ohne âzomklopfa!*

**Achdong! Reglmäßigs Raucha kâ d' Länge
vo ihrer Zigarett verkirza!**

I BREMS BLOSS ZOM KOTZA.

Zigarettaraoch enthält koine Kaloria!

**Seit i perfekt ben,
hält sich mei Arroganz en Grenza.**

En Daag ohne mi isch zwar meeglich – aber wer will des scho?

I däd mi ja gern entschuldiga.
Aber 's duad mr oifach net loid.

WENN I DIR JETZT RECHT GÄB,
NO LIEGET MIR BOIDE FALSCH.

**Noi, i ben koin Kluagscheißr.
I woiß es wirglich besser!**

I SEH SUBBR AUS, BEN ARG LIEBENSWERT ONDDRZUA NO A SCHLAUS KÄPSELE. ABER 'S BESCHTE ISCH MEI SAUMÄSSIGE BSCHEIDAHEIT.

Glaubsch du an d' Liebe uff dr erschte Bligg –
oder soll i nommel reikomma?

Mi kâ jedr braucha. Älle saget se,
i häb ihne grad no gfehlt.

MR SOTT MI NET EN
A SCHUBLÄDLE STECKA.
I GHEER EN A SCHATZTRUH!

I woiß net emmer genao, was i schwätz.
Aber i woiß, dass i recht han!

NOI, DEES WAR NET GLOGA.
I HAN 'S BLOSS FALSCH PRÄSENDIERT.

I ben so froh, dass i gebora ben.
I däd gar net wissa, was i sonscht gmacht hätt.

Mei Zahnarzt hot gsait, dass
i a Krone bräucht. Endlich
mol oinr, der mi verschtoht.

I ben voller Gedanka. Isch ja klar, dass
i drom net emmer glei dr richtige verwisch.

Mich zu meega, isch a Talent, wo net jedr hot.

I suach a Wohnong mit ma großa Balkon – damit i gscheid zom Volk schwätza kâ.

I war heit em Streichlzoo und scho ao a bissle enttäuscht, weil mi ieberhaupt koiner âgfasst hot.

EGAL, WAS HEIT BASSIERT: I WARS NET!

**Tu mol ebbes für dei Imitsch.
Lass de mit mir säha.**

`LEIT, DIE MI KRITISIERET, HEN EMMER ORECHT OND SENN SEHR DOMM.`

 Breng mi oifach irgendwo nô.
I werd ieberall braucht.

I BEN NET ARROGANT. I BEN BLOSS BESSER ALS DU.

BLÖÐSINN

Vielleicht han i ja gar koi Tourette.
Sondern i ben ällaweil oifach bloß gern
a bissle ofraindlich.

WER MIT MIR
NET KLARKOMMT,
MUASS NO A BISSLE
AN SICH SCHAFFA!

**Em Bett han i scho älles ausbrobiert.
Am liabschta mog i Schwarzwäldr Kirsch.**

MR SOTT EM LÄBA EIGENDLICH NET
ZWOIMOL DIE GLEICH DOMMHEIT MACHA,
WEIL D' AUSWAHL ISCH VIEL Z' GROSS!

I gher zu de Besserverdiener.
I verdien eigendlich ebbes Bessers!

KOMM DOCH OIFACH AMOL
WIEDR, WENN DE A BISSLE
WENIGER ZEIT HOSCH.

Emmer hen se gsagt, i sott ao
mol Gefühle zualassa – jetzt sen se
zua ond 's isch ao wiedr net recht ...

*En meim Schädl hot's
grad äba no Senn gmacht ...*

I war heut beim Therapeut.
Der Kerle hot druff die ganz Schtond gheult.

I KÂ MI EMMER OND
IEBERALL DURCHSETZA.
FROOG AMOLE MEI SCHÄSSLOH.

Bei der Hitz kâ mr ja froh sei,
wemmer wenigschdens no
a bissle Wassr en die Fiaß hot.

I BEN EMMER MIAD.
AUSSER WENN I SCHLOOF, NO GOHTS.

I sauf bloß Alkohol,
weil i meine ennere Verletzonga desinfizier!

Irgend ebber hot a Voodoo-Pupp vo mir bäschtelt ond zwingt mi emmer bleede Sacha zom macha.

I blink nia beim Audofahra, weils die andre nix âgoht, wo i nô mecht.

Du merksch, dass de erwachsa bisch, wenn die kloine Monschter onder deim Nescht en dr Briefkaschta omzoga sen.

ALSO, WER WILL EN GSCHEIDA STREIT HAN? MIR ISCH NACH VERSEEHNONGSSEX.

I schtand en dr Friah manchmol so schbät uff, dass i obends net ens Bett kâ, weil i no drenna liag.

WENN DE IEBER MI LÄSTERSCH, NO VERGISS FEI DIE WÖRTLE SCHEE, SCHLAU OND SYMBADISCH BIDDE NET!

> ZEMMERLAUTSTÄRKE ISCH,
> WENN I MEI MUSIGG EN ÄLLE
> ZEMMER HEERA KÂ.

 I han grad nommel durchzählt.
I han se tatsächlich nemme älle.

MIR ISCH LANGWEILIG EN DR GOSCH!

**Bevor i mi wiedr uffreg,
isch mrs liaber scheißegal.**

I HAN MR GESCHTERN A TAXI GNOMMA.
ABER HEIT BRENG I 'S ZRICK.

Wenn de dein Fuurz wiedr schmegga kaasch,
no isch d' Erkäldong vorbei.

*Glotz net so bleed –
i ben selbr verschrogga.*

**I ben subber erzoga worda.
Koi Ahnong, was nô bassiert isch.**

*I ben heit so modiviert,
i könnt Baim aglotza.*

Emmer, wenn i ebbes kapier,
kriag i Achsoziationa.

```
I WÄR OBNDS AO GERN
AMOLE SO MIAD WIE AM MORGA.
```

**Woich polschtert, tiptop Läder,
mit Schlooffunktion. I muaß a Sofa sei.**

MEI NACHBR HEERT GUADE MUSIK.
OB 'R WILL ODER NET.

I fühl mi heit so saumäßig bleed
wie ens Hirn gschissa ond niwolos
ond schdur ond arrogant –
i könnt Amerika regiera!

Am beschta, du kommsch nach em Mittagessa,
nô bisch zom Kaffee wiedr dahoim.

I BEN SO MIAD DES JOHR!

**Femf Schtonda Schloof am Daag reichet mir loggr.
En dr Nacht brauch i allerdengs acht.**

*Lass mi – i muaß mi da jetzt
kurz amole neisteigra!*

Glaub i. Verschtand i. Akzepdier i.
Fend i trotzdem scheiße!

MR MUASS UFF ABSCHTINENZ
AO AMOL VERZICHTA KÖNNA.

I han en Herzklabbafähler:
Herz z'woich. Klappe z'groß.

`I HAN ÜBERSENNLOSE FÄHIGKEITA.`

**Willsch ebbes uffs Maul?
Au ja, gib mr gschwend a Kissle!**

I HAN ME WELLA WIRKLICH BENEHMA, ABER 'S HOT SO VIELE ANDRE OPTIONA GÄBA ...

Mi net leida könna macht di ao net scheener!

I han doch gsagt, dass i en femf Minudda dô ben. Brauchsch jetzt net älle halb Schtond arufa!

Mi wonderts emmer wiedr, wie viele Waiflascha en oi oinzigs Gläsle passet, wenn mr bloß schnell gnuag drengt.

`ALLOI SEI ISCH JA SOOO LANGWEILICH, WENN KOIN ANDRER DABEI ISCH.`

Emmer muaß mr älles selbr macha lassa.

Mei Meinong schdoht fescht.
Drom verwirr mi net mit Tatsacha!

JEDR MENSCH HOT A RECHT UFF MEI EIGENE MEINONG.

**Heit han i ierberhaupt
koi Verbendong zu meim E-lan!**

WENN I DENKA DÄD, BEVOR
I SCHWÄTZ, HÄTT I NET SO
VIEL ZOM SAGA.

I kâ heit emmer no net begreifa,
dass i mi als Kend han gega
dr Mittagsschloof wehra kenna.

I DU NIE STREITA. I VERSUACH BLOSS
ZU ERKLÄRA, WOROM I RECHT HAN!

**Kennsch dees, wenn de am Morga
uffschdohsch ond topfit bisch? I ao net.**

**I ben heit so motiviert –
wie dr Disainer von dr japanischa Fahn.**

DR BESCHTE VIERBEINIGE FRAIND ISCH MEI BETT.

I bräucht drei Monat Urlaob.
Viermol em Johr!

Arbeit macht Schbass – i könnt schtondalang zuaglotza!

I brauch koine Ausreda. I han Gründ!

MEINE ELTRA HEN A SCHWERE KENDHEIT GHET. MEINE!

I geb net uff! I fang bloß neu â!

DR WEGGR HOT HEUT MORGA SAUMÄSSIG LANG GSCHÄLLT. WAR WOHL EBBES WICHTIGS.

Hasch schlechte Laune?
Noi? No kaasch meine han!

TSCHULDIGONG, I HAN ECHT NET LACHA WELLA – ABER MEI MAUL HEERT OIFACH NET UFF MI.

**I ben en Transintelligentr.
A Käpsele em Kerbr von ma Sembl.**

```
FALLS DE MI SUACHSCH:
I BEN Z' WEIT GANGA.
```

 I han echt koin blassa Schemmr.
Aber dadrvo en ganza Haufa!

*Ondr Drugg fühl i mi
viel besser. Kâ mi vielleicht
mol ebber drugga?*

**I mach mr emmer viel z'viel Schbätzla,
Saitawirschtla ond Gedanga.**

**Dees mit dem Geduldigsai muasch mr
nommel erklära. Aber mach nôre!**

*Wemmer amole kurz net
schafft, no gohts eigendlich.*

I ben net faul,
I ben em Energieschbarmodus.

```
I BEN SAUMÄSSIG NETT.
BIS I UFFWACH.
```

**Onder meine Klamotta
ben i ganz näggich – i Schlamber!**

AN MANCHE DÄÄG, DA DABB I NET ENS
FETTNÄPFLE – DA HAUTS MI EN D' FRITTÖSE!

I fiahl me grad so, als könnt
i Baim ausreißa. Also, kloine Baim.
Vielleicht Bisch. Oder Bloama.
Na guad, Gras. Gras goht.

**Vegetarier hen koine Kender.
Vegetarier hen Sprössleng.**

WASCHBRETTRANZA? HAN I SCHO GHET. SCHTOHT MR NET!

I han koin Schpeck – dees isch doch mei Gschenkverpackong!

```
I WAR KURZ DRVOR VEGANER
Z' WERDA - HAN ABER GRAD
NOMMEL SCHWEIN GHET.
```

**I kâ Essa en meiner Gosch verschwenda
ond uff meine Hüfta wiedr ufftaucha lassa.**

EMMER MEH LEIT PFLÄGET DICKE FRAINDSCHAFTA – WEIL DIE GÄBET HEIMATLOSE KALORIA A HOIMAT.

Wenn de dei Gwicht halda willsch, nô muasch ao amole grilla, wenn de koin Hongr hosch.

Noi, du bisch net dick.
Was wiagsch denn? Komm, verroot mrs ...
Bloß die erschte drei Zahla!

Wer en Kemie uffbasst hot, woiß: Alkohol isch äba doch a Lösong!

Honger! Nix em Kiahlschränkle.
Eikaufa? Nausganga? Bewega? Koi Luschd.
Ond z'miad. Ah, mei Couch.
Uff em Dischle schtandet zwoi Bier.
Nô han i äba Durscht ...

I BEN NET DICK. I BEN SCHPECKTAKULÄR!

Äller Omfang isch schwer!

I HAN A PROBLEM MIT ALKOHOL.
I HAN NIE GNUAG EM HAUS.

I ess bloß dees, was koina Auga hot. Schnizzl zom Beischbiel. Oder Hamburgr. Oder Fischschdääble.

**I ben ganz alloi ond han wiedr ganz viel Bier,
Tschipps, Gummibära, Musigg ond Sehnsucht.
I kennt wetta, dass dees wiedr net gut ausgoht...**

WIA MR SICH FÜTTRT, SO WIEGT MR.

Schlangge Menscha sen bloß z'faul zom Essa.

I HAN KOIN RANZA, I HAN A IEBERHANGMANDAT!

**Wenn Siaßigkeita net so leggr wäret,
wär vieles leichtr. I zom Beischbiel.**

*I du arg uff mei Ernährong
achta. Was mr schmeckt,
dees hau i nei.*

Oi Schdiggle Schogglaad hot
grad so viel Energie, wia mr braucht,
um nommel ois zu nemma.

I kâ Langweil ond Honger
gaaanz schlecht auseinanderhalda.

SCHO FUFFZIG FLÄSCHLA BIER DECKET DR TÄGLICHE KALZIOMBEDARF VON MA ERWACHSENA. ERNÄHRONG KÂ SO OIFACH SEI.

Hitz brengt Sacha drzua, dass se sich
ausdehnet. Also ben i net dick – sondern hoiß!

*Bier kaltschtella isch
ao irgendwie wie kocha.*

Mit Geld kâ mr sich älles saufa!

`I KENN EN GANZA HAUFA LEIT, DIE NEHMET BLOSS BEIM TELEFONIERA AB.`

I kâ saufa, was i mecht.
Weil mir sen die Kotzekwenza völlich egal.

 Z'wenig essa ond trenka isch
reine Bauchverschwendong.

WASSR SCHMEGGT ERSCHT GUAD, WENNS EN DR BRAUEREI WAR!

Dees isch koin Schpeck!
Dees isch erotische Nutzfläche!

I HAN ME GWOGA. BEN Z' KLOI.

's gibt fuffzich verschiedne Arta,
sich bei ner Frau zom entschuldiga.
Koine drvo funktioniert.

DU HOSCH DES JOHR DOCH WELLA SECHS KILO ABNEHMA. FEHLET BLOSS NO ELF!

Wenn a Weibsbild zu dir secht:
Dua doch, was de willsch, nô mach om Goods
willa net, was de willsch!

```
I BEN MULTITASKINGFÄHIG: MIT
    DR FRAU SCHWÄTZA, OHNE
ZUAZOMHEERA OND DRBEI LIAB GUGGA.
```

**Wenn dees schdemmt, dass Fraua
jedn Daag dreißigdausnd Wörtr schwätzat,
nô miaßt meine bald fertig sei!**

*Du bisch a ganz beeses
Mädle! Mach nôre ond
gang nuff en mei Zemmr!*

Fraua senn net kompliziert.
Wenn de en Fähler machsch, entschuldig de.
Wenn sie en Fähler macht, entschuldig de.

FRIEHER HOT MR DRACHA HEE GMACHT,
OM A JONGFRAO ZOM HEIRATA.
HEITZDAAG GIBT'S KOINE JONGFRAUA MEEH
OND MR MUASS DR DRACHA HEIRATA.

♀ **Zu'ra Ehe gheeret emmer zwoi:
a Frao ond ihr Muadr.**

*Mädla verschtoht mr net,
wemmer se net liabt.*

Fraua könnet ma Mâ verzaiha.
Ao wenner ieberhaupt nix do hot.

I KÖNNT DI JA SCHÖNSAUFA - ABER
NÔ WÄR I ZU BSOFFA FIER SEX.

Fraua deen sich nia verfahra. Die kreiset ihr Ziel ei.

**A Frau kâ oin zom Millionär macha.
Wemmer Milliardär isch.**

I HAN MEI FRAINDIN EIKAUFA GSCHICKT. GIBT WAHRSCHEINS WIEDR SCHUAH ZOM OBNDESSA.

Streit bloß nia mit 'ra Frau, die empfendsam, emotionaal, greizd, launahaft, debressiv, nerwees, nôchdraagnd, ogligglich, miad, oausglicha, hongrich odr grad beim Schoppa isch. Odr atmet.

> A FRAU HOT EMMER 'S LETSCHTE WORT. ÄLLES WAS DR MÂ DANACH SECHT, ISCH A NEUS THEMA.

 **Ao wenn se saumäßig guad aussähn: Fraua sen ond bleibet Raubtier!**

Grad wenn de denksch, du hosch d' rechde Antwort ... kommt a Weib ond ändert d' Froog.

Sag mol zua 'ra Frau: I kâ di verschtanda.
Dees verschtoht die net. Ond no sechsch mol:
Dees verschtohsch du net. Dees verschtoht die!
I verschtands net.

> NOI, SCHÄTZLE,
> DU BISCH NET BLEED.
> DU BISCH SOGAR SEHR HIBSCH!

Fraua Komplimente macha isch wie Depfleschlaga en ma Minafeld.

DA MECHT MR A FRAU EM SCHDURM
EROBRA – OND PROMPT ISCHS ERA Z' FRISCH
OND Z' WENDICH DRAUSSA.

FRAUA SEN GANZ
OKOMPLIZIERT. WIE A PUSSL
MIT FEMFDAUSND DOIL.
MIT MA SCHNEEWEISSA HEMML.

I mecht bloß, dass de gligglich bisch.
Ond vielleicht ao a bissle näggich.

Bei manche Määdla froogt mr sich scho: Isch dees
Schminke oder hen die beim Päintball verlora?

 *'s gibt Weibr, die schtondalang brauchet, om oi Minudd z' schweiga.*

Fraua ändret älle baar Minuta ihr Meinong.
Bis se wisset, was se net wellat.

> I BEN EN MÂ.
> I KÂ SACHA VERGESSA.
> OBWOHL MEI FRAU NO SCHWÄTZT.

**I han emmer's letschte Wort.
Ond dees hoißt: Ja, Schätzle.**

AN ÄLLE FRAUA, DIE EM SCHDURM EROBERT WERDE WELLAT: BIDDE JETZT NACH DRAUSSA GANGA!

Wenn dei Frau en miesa Daag hot –
nô hosch du ao oin!

GANZ SCHÖN FIES

**Könnet deine Brüscht bidde uffheera
meine Auga âzomschdarra?**

*Du muasch mi mit ebber
verwechsla, den dees entressiert.*

Noi, du bisch koin komplettr Idiot.
Da fehlet no a baar Doil.

DU BISCH SO BLEED,
DU STOLPERSCH SOGAR
IEBER A WLAN-KABL.

**A scheene Meinong hosch!
Gibt's die ao mit Ahnong?**

I GLAUB, I HAN TINNITUS EN DE AUGA –
I SEH LAUTR PFEIFA!

Manchmol braucht mr gar net schwätza.
Manchmol reicht ao a kloine Omarmong.
Lang. Ond fescht. Ond om dr Hals.

Könntesch du di bidde
woanderscht nâschdella ond
dort scheiße aussäha?!

**DU BISCH WIE MEI SCHIRO-KONTO:
DU HOSCH ECHT NIX DRUFF.**

**Dees kâ i net beurteila.
Dees müsst mi entressiera.**

KOMM, ZÄHL AMOLE BIS ZWANZICH,
I BRAUCH A HALBS SCHTÜNDLE MEI RUAH.

Klar könnet mir zwoi amole ebbes trenka
ganga – aber hald net gleichzeitig.

*Noi, du bisch net hässlich.
Licht schtoht dr halt
oifach net so guad.*

**Der isch doch z'bleed,
a leers Schublädle uffzumraima!**

**Jedr hot en Seggl em Fraindeskreis.
Wenn de koin hosch, nô bischs vielleicht du.**

MANCHE LEIT SEND DR LÄBENDE
BEWEIS DRFÜR, DASS HIRNVERSAGA
NET DIREKT ZOM DOOD FIEHRT.

 Du bisch's Gegadoil vo Bargeld.
Weil Bargeld lacht.

*Noi, i ben net schüchtern –
i mecht bloß oifach net mit
dir schwätza.*

**Du bisch sooo doll – sogar mei Essa
kommt ruff, um di zom säha.**

MIT DIR KÂ MR GENAU ZWOIMOL WONÂ
GANGA. OIMAL ZOM BLAMIERA OND 'S ANDER
MÔL ZOM ENTSCHULDIGA.

Du nerfsch! Gang uff d'Audobaah, Lichtr fanga!

Noi, du bisch net bleed.
Du hosch bloß Pech beim Denga.

SO LANG WIE DR FRIEHLENG BRAUCH, OM ZU KOMMA, MIASST 'R EIGENDLICH DIE FRIEHLENG HOISSA.

Also, 's Oinzige, was du bsonders guad kaasch, isch älder werda.

OINER VON ONS ZWOI ISCH BLEEDER WIE I.

Gang mol zom Dokter!
Du leidesch onder vorzeitigr Artikulation!

`HOL MR MÔL EBBES ZOM SAUFA – DU WIRSCH SCHO WIEDR HÄSSLICH!`

Wenn d' Eva selbigsmol die Schlang gfressa hätt ond net dr Ebfl, nô wäret mir älle no em Paradies. Bleede Vägedarier, bleede!

Dass i lach, wenn i di säh, hoißt net emmer,
dass i mi frai …

WOISS DEI FRAO EIGENDLICH, DASS DU SINGLE BISCH?

Du bisch dr läbende Beweis drfier,
dass onser Herrgöttle Humor hot.

`DU HOSCH DOCH VON TUTEN
IEBERHAUPT KOI AHNONG!`

Älle wellat se sportliche Ranza,
dolle Frisura ond scheene Klamotta.
I bräucht oifach meh Middlfenger.

*Scheene Zääh hosch.
Gibt's die ao en weiß?*

I ben voll tolerant. Egal, was fier a Hautfarb,
Religioo oder sexuelle Orientierong – i hass
älle bleede ond nervige Grasdaggl gleich.

Bald isch Hällowien.
Nô kâsch de abschminka!

WENN I WELLA DÄD,
DASS DU WOISCH, WAS I DENK,
DÄD I SCHWÄTZA.

**Säh i aus wie a Brootwurscht?
Oder worom gibsch du ieberall
dein Senf drzua?**

DU BISCH OINZIGARTIG.
JEDNFALLS HOFFT DEES
DIE GANZ MENSCHHEIT.

I du mr so schlecht Nama merka.
Kâ i oifach Arschloch saga?

AN DEINERA SCHDELL DÄD I MI MORGA
VERSCHDEGGA. MORGA ISCH SCHBERRMÜLL.

Schwätz ruhig weitr. Bis dr ebbes eifallt.

Däädsch du für mi bis ans End vo dr Welt ganga? Ond däädsch dô bidde ao bleiba?!

FALLS I DI BELEIDICHT HAN SOTT, DÄD MI DES AUFRICHTIG ... FREIA!

Noi, du bisch net bleed,
du hosch bloß a gedrosselte Leischtong.

DU WIRKSCH ECHT VOLL
SIMBADISCH. NÄBA MIR.

Wenn de über de net lacha kaasch, brauchschs bloß saga. Nô mach i dees.

*Schee, dass de dô bisch.
Ond net hier.*

Die vier Jahreszeida en Schwoba:
Scheiß Kälde! Scheiß Polla! Scheiß Hitz!
Scheiß Rääga!

Zom Geburtsdaag graduliera hoißt, andre saga, was se net heera wellet.

WAS? SO JONG BISCH DU NO? I HÄTT DI VIEL ÄLDR GSCHÄTZT!

Dees däd mir ja voll schdenga, wenn i so oft Geburtsdaag hätt wia du!

Häbbi Börsdäy! Du no viel feira, dass de die bleede Zahl schnell wiedr vergisch!

Älles Guade. Du warsch aber ao scho mol jöngr!

GSCHENK SEN AUS. DROM GIBT'S A KÄRTLE. ÄLLES GUADE!

Die erschte 150 Dääg noch em Geburtsdaag sen die Schlemmschde. Nô gohts.

Geburtsdääg sen ebbes fier Âfängr.
I werd 's ganze Johr gfeiert!

DU HOSCH GEBURTSDAAG OND KOI SCHLECHTE LAUNE? KAASCH MEINE HAN!

Geburtsdaagstescht gmacht. Ben äldr, als mr dengt.

HERZLICHA GLIGGWONSCH. DEI ALDR ISCH OWICHTIG – AUSSR DU BISCH EN KÄS.

Zom Geburtsdaag viel Gligg.
Ab jetzt wird dei Aldr emmer absichtlich falsch gschätzt.

WENN DE NET BALD DRMIT UFFHEERSCH, WIRSCH EMMER ÄLDR! GLIGGWENSCH ZOM GEBURTSDAAG.

Geburtsdääg sen doch ao bloß a Iebergangslösong!

**I drugg dr d'Dauma,
dass bloß die Richtige vor deinera Dier schtandet.**

I WENSCH DR SOOO VIEL GLIGG,
DASS DE 'S GRAD NO AUSHALDA KAASCH!

Happy Birthday!
Bitte gib dein Geburtsjahr â:
Scroll ** Scroll ** Scroll **

Graddulier emmer schee deim Nächschta! Aber lass di net zu 'ra falschen Zahl hinreißa.

Geburdsdaag feira macht Schbass – aber bloß, wenn andre hen.

```
ÄLDER WIRD MR BLOSS AM
GEBURDSDAAG. DIE ANDRE
364 DÄÄG BLEIBT MR JONG.
```

Geburtsdääg sen wie Rotzbebbl.
Je meh de drvo hasch, desto schwerer kâsch atma.

LIEBE UND BEZIEHUNG

Wichtig isch net, ob mr zamme Pferd stehla kâ.
Wichtig isch, ob mir dr ganze Scheiß henderher
ao zamma uffkehrt.

*'s Läba isch a Gäba ond Nemma.
Also nemm mi ond gibs mr!*

Wer globt werda mecht, muaß schterba,
wer gschempft werda will, muaß heirata.

DAI MUADER KA WIEDR
BEI ONS BUTZA KOMMA,
I HAN DES GELD GFONDA.

I han gheert, dass mr schneller a Beziehong
fendet, wemmer Gemeinsamkeita hot.
Also, i schnauf ganz gern …

A BISSLE DOMM ISCH JA
NIEDLICH – ABER DU BISCH
WIRGLICH ZUCKERSIASS!

I bleib Singl. Verarscha kâ i mi ao alloi.

Irgendwann fendet jedr sein Deggl.
Bis dô nô gibt's Frischhaldefolie.

**I BEN GANZ ALLOI.
I KAUF MR JETZT EM BAUMARKT
EN KÖDR!**

**Die Zeit zwischa »I di ao« ond »Du mi ao«
nennt mr Beziehong.**

*I suach a universells
Haushaltsgerät.
D' Hoorfarb isch egal.*

Zu meiner Verteidigong:
Dees isch älles dei Schuld.

**'S ISCH VÖLLICH SENNLOS, MIT DIR ZOM SCHTREITA.
DU HOSCH JA DOCH EMMER ORECHT!**

**A Beziehong isch dr Versuach, mit zwoi Problem
fertig zom werda, die mr alloi nie ghet hätt.**

D' Liab isch d' allerscheenschte Krankheit.
Dô müsset emmer zwoi ens Bett.

Liebe isch a Wörtle mit femf Buchstaba, drei Vokaal, zwoi Konsonanta – ond zwoi Idiota.

Schee, wemmer dr Partner fiers Läba gfonda hat.
Besser (isch oft), mr kennt no a baar meeh.

MIR LIEGET ZUR ZEIT KOINE VERKEHRSMELDONGA VOR.

Du muasch mi net verschtanda.
Liebhan reicht!

I HAN IEBERHAUPT NIX GEGA DI – ZUMINDESCHT NIX, WAS HILFT.

En Mâ sott em Läba: a Baimle pflanza,
a Kend macha ond a Häusle baua. D' Frau derf nô:
dr Boom giaßa, 's Kend erzieha ond 's Häusle butza.

Wär d' Gosch hält, obwohl 'r recht hot,
muaß verheiratet sei.

♡

SOBALD MR SICH VRKNALLD, ISCH MR GRAD WIEDR SO SCHLAU WIA MIT 14.

's isch besser, mr derf nemme hoimkomma,
als mr derf nemme fort.

Du hoschs guad – du hosch mi.

Dr Nägschde, wo schellt, gwennt!
Der wird gnomma.

DU KAASCH JA VIELLEICHT RECHT HAN – ABER MEI MEINONG GFALLT MR HALT BESSER!

Liabe Schwiegermuadr,
schbar dr deine Ratschläg zom Thema
Kendererziehong. I han dei Kend drhoim –
ond woisch was? Du hosch versagt!

Mr isch glücklich zamma, wemmer liaber hoimkommt als fortgoht.

BEZIEHONGSSTATUS: MITTLFENGERMODUS.

I kâ meine Gedanga läsa:
I moog di!

Wenn d' Liebe bada goht, muaß mr schwemma lerna.

En Jonggsell isch en Mâ, dem zom Glick d' Frau no fehlt.

`GEGA LIABE UFF DER ERSCHTE BLICK HILFT OFT EN ZWOITER.`

Manchmol isch a Küssle ao bloß a Libbabekenntnis.

MEI HERZ ISCH ODICHT. DÔ KOMMT LIEBE RAUS.

A Ehe isch wie en Bsuach em Wirtschäftle.
Mr denkt emmer, mr häb's Beschte rausgsuacht –
bis mr sieht, was dr Nachbr kriagt hot.

SINGELINGELING. I FRÜHSTÜCK AM MORGA EMMER ALLOI FIER ZWOI.

**Orgasmus vordäuscha isch ebbes für Afänger.
I schdell me dood!**

KÜSSA ISCH DIE SCHEENSCHTE ART,
DASS DR ANDER 'S MAUL HÄLT.

Bidde lass mi doch mol ausschwätza,
wenn i di scho onderbrech!

*I? Eifersichtig?
Ha, ha, ha. Hahahaha. Ja!*

Om mit ma Mâ glücklich zom werda, muaß mrn guad verschtanda ond a bissle meega. Om mit ma Mädle glücklich zom werda, muaß mer se liaba ond derf erscht gar net âfanga wella, se zu verschtanda.

Omarm mi bidde, als däd mi ebber klaua wella!

BIDDE SCHWÄTZ MI NET Â – I BRAUCH MORGENDS MEINE VIERAZWANZICH SCHTONDA.

I brauch koin Partner.
I han scho gnuag Stress mit meine Hoor!

*Mach doch, was de willsch!
Aber machs mit mir!*

**Du bisch en Traum.
Bis i meine Glotzbebbl uffmach.**

`BEI 'RA TRENNONG SEN EMMER BOIDE SCHULD. DU OND DIE MUADR.`

I will bloß 's Beschde für mi: di!

I HAN NOMMEL NACHGMESSA. DU BISCH GROSSARTIG!

Kennt mr net 's Wochaend
wäga großem Erfolg oifach verlängra?

I VERSUACH MR KOINE SCHUAH ZOM KAUFA. KOMMSCH MIT?

I han aus meine Fähler glernt – i muaß jetzt amol a baar neie macha.

Die ehrlichschte Nachrichta sen die, die mr kurz vor em Abschigga wiedr löscht.

Dr wahre Charaktr von ma Menscha merkt mr erscht, wenn a zwoite Kass uffmacht.

`MIT DEINE VIELE FREMDWÖRTR KAASCH DU MIR NET IMPRÄGNIERA!`

Weil d' Lichtgschwendichkeit schneller isch als dr Schall, hält mr viele Leit für Käpsele – bis mr se schwätza heert...

 Worom isch am End vom Schloof emmer no so viel Miad iebrig?

`SO EN SCHEISS MOMENT ZWISCHA SCHUAL OND RENTE!`

I brauch neue Fraind. Meine könnet nemme!

DIE ERSCHTE 24 SCHTOND VOM MONDICH SEN EMMER DIE SCHLEMMSCHTE.

's gibt Menscha, die läbet so vorsichtig, dass se wie neu sterbet.

Erwachsa werda?
I mach ja viel Scheiß mit –
aber net jedn!

Du hosch am Wochaend richtig gfeiert, wenn dr am Mondichmorga en dr Bahn a alds Mütterle ihrn Sitzplatz âbietet.

**Wär dr heutich Daag en Fisch –
i däd 'n wiedr neischmeißa!**

`URLAOB KÖNNT I BERUFLICH MACHA.`

I glaub, 's Wettr isch kaputt –
da kommt Wassr raus!

LIABR SCHIZOPHREN ALS DES
GANZE GSCHÄFT ALLOI MACHA.

**Die beschte Sacha bassieret
emmer, wemmer grad net drô denkt.
Also, i wär dann jetzt soweit.**

*I ben fier a generells Nacht-
fluagverbot. Fier Mugga!*

Bloß no oin Daag. Nô isch Morga.

I KOMM NET KLAR. KOMMSCH MIT?

Männer hen ao Gefühle!
Honger zom Beischbiel. Oder Durscht.

I wär ao liebr reich als sexy.
Aber was soll mr macha?

Wenn's Herrgöttle net verzeiha dääd,
dääd's Paradies leer bleiba.

```
EIGENTLICH HAN I HEIT GANZ
VIEL VORGHET. JETZT HAN I
MORGA GANZ VIEL VOR.
```

Was andre ieber di dengat – goht di nix â.

ÄLLES ISCH NACH PLAN GLOFFA.
ABER DR PLAN WAR SCHEISSE.

Als mir frieher ADHS ghet hen, hen mir oine
knallt kriagt – ond scho waret mr wiedr gsond!

Glaub net älles, was de denksch!

I gang jetzt ens Städtle ond kauf mr ebbes
gega Kopfschmerza. A Päärle Schuah oder so ...

**TSCHULDIGONG – ISCH HIER
DR FALSCHE ORT ZUR FALSCHA
ZEIT? BEN DRBEI!**

Guade Fraind deen di net beruhiga –
die reget sich mit dir zamma uff!

*Idiot isch doch koi Beleidigong –
sondern a Diagnose!*

Was mir wirglich fehlt, isch en Daag
zwischa Samschdich und Sonndich.

SCHOGGLAAD LÖST KOINE PROBLEEM.
ABER DEES DUAD EN EPFL JA AO NET.

's Ärgerlichschste uff dera Welt isch,
dass die Bleede todsicher ond die Intelligente
voller Zweifl sen.

Qualidääd isch, wenn d'Kunda
zrickkommet ond net d'Sacha.

ISCH MIR EGAL.
I LASS DEES JETZT SO.

**Leit, die ieber sich selbr lacha könnet,
kâ i ernscht nehma.**

WAS MI AM RÄGA STÖRT, ISCH SEI
EISCHDELLONG. EMMER SO VO OBA RONDER ...

I han zwar koi Lösong,
aber i fend des Problem subbr.

```
SARKASMUS ISCH DIE KUNSCHT,
   IDIOTA ZOM BELEIDIGA,
  OHNE DASS SE 'S MERGET.
```

**Überweisonga ausschdella macht meh Fraid,
wemmer bei Verwendongszweck »für sexuelle
Gfällichkeita« neischreibt.**

Henderher isch mr ierberhaupt net emmer kliagr. Meischdens isch mr henderher oifach bloß ärmer oder ieberfressa oder heisr oder bsoffa oder schwangr.

KLAR, WOISS I WAS I MECHT – ABER DEES GIBT'S HALD NET!

I läb mei Läba en volle Züag. En dr Friah nôzuas zum Schaffa ond am Obnd wiedr zrigg.

Kritik an andre hat no koim d' oigene Leischdong erschbart.

Lass mi dr Klinglton vom Händi heera ond i errôt dr Schualabschluss!

BLOSS WEIL DR OINER ZUHEERT, HOISST DEES NO LANG NET, DASS DER AO VERSCHTÔHT, WAS DE SECHSCH.

's elfte Gebot: **Net verwischa lassa.**

Die Wünsche des Mannes sen onda tastbar.

I MOOG DI A BISSLE MEH ALS URSCHBRENGLICH PLANT ...

's gibt emmer Fraua, die no a bissle scheener sen als du. Du musch bloß den Mâ fenda, dem dees egal isch.

D' FANTASIE VON MA MÂ ISCH DIE BESCHTE WAFFE VON 'RA FRAU.

Fraua sen net kombliziert – d' Mannsleit sen oifach bloß z'bleed!

Em Gegasatz zua de Männer, dädet mir Fraua onsre Fehler oifach zugäba. Wemmer welche hättet.

I han uffgäba »den Oina« zom suacha.
I such jetzt »den Andra«.

 Fraua meeget oifache Sacha: Männer.

MÄNNER SEN WIE A WASCHMASCHEE – WEMMER SE ÂMACHT, DREHN SE DURCH.

**Die scheenschte drei Wort uff dera Weld:
I gang schobba!**

*Wenn a Frau a Aug zuadruggt,
nô bloß zom besser Ziala.*

I brauch koin Prenz, der Dracha
hee macht. Sondern oin, der mi moog,
wenn i selbr zom Dracha werd.

I HAN FANTASIA MIT
ZWOI MÄNNER: DR OI BUTZT,
DR ANDER KOCHT.

**Fraua schwätzet bloß deshalb dopplt
so viel wie d' Männer, weil se dene emmer
älles zwoimol erklära müsset.**

I sauf nie uff Ex. Sell hot der alde Sagg net verdient!

DU BRAUCHSCH KOIM MÂ WIEDR-
SCHBRECHA. MUSCH BLOSS A WEILE
WARTA, NÔ MACHT 'RS SELBR.

En Flirt isch dr verqäbliche Versuach,
ma Mâ beizombrenga, dass 'r ernschte Absichta hot.

 'S OINZIGE, WAS DU EN DR HOS HOSCH,
SEN BIEGLFALDA.

Mir führet a traditionelle Beziehong mit klassischr Rollaverdoilong: Dr Mâ isch emmer schuld.

Mr lobt koin, außr er braucht's.

Männer muaß mr so nehma, wie se sen.
Aber mr derf se net so lassa.

MÄNNER WERDET 15.
HENDERHER WACHSET SE BLOSS NO.

SCHWÄBISCHE WEISHEITEN

**Humor isch des Knöpfle, des verhendert,
dass ons dr Kraga platzt.**

EIGALOB SCHDEMMT.

Wenn die Bleede mergat, dass se en dr Ieberzahl
sen, no sen mir em Arsch!

'S LÄBA ISCH A GÄBA OND NEHMA.
MOL IEBERNIMMT MR SICH, MOL
IEBERGIBT MR SICH.

**En schlaua Menscha kâ mr ieberzeuga,
en Bachl muaß mr ieberreda.**

Herasaga isch scho halber gloga.

Dahoim isch da, wo de en Ruhe scheißa kaasch.

Manche Fähler machet viel z'viel Spaß,
als dass mr se bloß oimol macht.

Meischtens kommt's ganz anderscht, wemmer denkt.

**Dr Nachdoil an dr Mode isch,
dass oba dr Grend rausguckt.**

SEI OIFACH, WIA DE BISCH.
IRGENDWANN KOMMT'S SOWIESO RAUS!

Du hasch bloß oi Läba.
Blamier de so oft de kaasch.

»BIOLOGISCH« KOMMT URSCHBRENGLICH AUS EM LATEINISCHA OND HOISST IEBERSETZT »KOSCHT DREI EIRO MEEH«.

's Flüssige muaß ens Durschtige!

's Läba schengt dr net die Menscha,
die de willsch. Sondern die, die de brauchsch.

MANCHE LEIT SEN SO ARM, DIE HEN NET AMOLE OIGENE PROBLEM.

Ao andre Weeg hen scheene Schdoiner!

OB MR A GRENZ IEBERSCHREITET, HÄNGT DRVO AB, WO MR SE ZIEHT.

Wer z' viel lernt, hot z' wenig Talent!

Wer z' schbäd kommt, muaß net warda!

Die meischde Fähler passieret zwischa de Aora.

WER SCHWANKT, HOT MEEH VOM WÄG.

Faulheit isch die domme Âgwohnheit,
sich auszomruha, bevor mr miad wird.

ZEIG MR DEI ÜHRLE OND I SAG DR, WIE SCHBÄT 'S ISCH.

**En Fraind isch en Mensch,
der di moog, obwohl 'r di kennt.**

*Liab dein Nächschta.
Aber lass de net verwischa.*

Em Läba brauchsch bloß oi oinzigs Arschloch.
Älle andre sott mr loswerda.

**BESSER ARM OND REICH
ALS KRANK OND XOND.**

Mr muaß d' Schuld ao amole bei de andre suacha.

WER Z' LETSCHT LACHT, HOTS NET BEGRIFFA.

 **Wer zerknittrt uffschtoht,
kâ sich dr ganze Daag entfalda.**

DR HERRGOTT HOT D' NEUGIER ERSCHAFFA.
UND HOT SE MUADR GNANNT.

Dahoim isch dô, wo mr dr Ranza net eiziaha muaß.

*Je längr die Absätz,
desto kürzr die Hauptsätz.*

Fraind sen Gottes Entschuldigong fier Verwandte.

`FLEISS KÂ MR VORTÄUSCHA,
FAUL MUASS MR SEI!`

Saufa erhöht 's Risiko, dass de flachglegt wirsch.

MEDITIERA ISCH BESSER WIA
ROMSITZA OND NIX DO.

Manche Gschäft muaß mr zig Môl verschieba,
bis mrs endlich vergisst.

**ÄLLE DÄÄG SEN GLEICH LANG,
ABER ONDERSCHIEDLICH BROID.**

Wer Ordnong hält, isch bloß z' faul zom suacha.

ENTTÄUASCHONGA SEN WOORHEITA
MIT VERSCHBÄDONG.

Selbschtgespräch gäbet oim emmer
die Chance, recht zom han.

*Friah uffschtanda
isch dr erschte Schritt en
d' falsche Richtong.*

Fremde sen Fraind, die mr no net kennaglernt hot.

WER AUS ÄLLE WOLGA FALLT, MUASS A ENGELE SEI.

**Manche Menscha sott mr wie Tee behandla:
oifach zieha lassa.**

LIAGT DR BAUER UFF DR LAUER, ISCH HERR LAUER ZIEMLICH SAUER.

Bevor mr schtirbt, ziaht's ganze Läba
an oim vorbei. En Echtzeit.

*Gähna isch ao bloß en
stummer Schrei nach Kaffee.*

**Fang dein Daag mit ma Lächla a.
Nô hoschs hender dir.**

's Bleede am Läba isch,
dass ao Seggl mitmacha dirfet.

FRAIND SEN PSYCHOLOGA OHNE SPRECHZAITA.

**Dr Klügere gibt so lang nach,
bis 'r dr Domme isch.**

Nägschde Weihnachta kümmersch du di aber om die Gans …'s isch doch dei Muadr!

Dr Grat zwischa Weihnachtsbeleichdong ond »Willkomma em Puff« isch oft bloß ganz schmal.

Bass bloß uff! Emmer am 6. Dezembr will dr oinr ebbes en d' Schuah schieba!

WENN D' MARIA SELLMOL OIFACH STUR BLIEBA WÄR, NO WÄR ONS DES GANZE WEIHNACHTSGLOMB ERSPART BLIEBA!

Koi Wondr brengt 's Chrischtkendle so oft falsche Weihnachtsgschenk …'s isch ja ao blond!

'S GANZE JOHR FRESSET SE D' PILL OND Z' WEIHNACHTA SENGET SE »IHR KENDERLEIN KOMMET« …

Bald isch scho wiedr ganz pletzlich Weihnachta …

Wer isch eigendlich dr heilige Strohsagg, von dem dr Vaddr beim Tannabaumschmügga emmer so laut schwätzt?

D' IDEALE PARTNERE HOT WEIHNACHTA GEBURTSDAAG OND WENSCHT SICH NIX.

Bald isch Weihnachta, jetzt muaß i mr bloß no gschwend a baar vo dene »Mir-schenget-ons-desmol-nix«-Gschengla bsorga.

DICK WIRD MR NET ZWISCHA WEIHNACHTA OND SILVESCHTR, SONDERN ZWISCHA SILVESCHTR OND WEIHNACHTA!

Liabr Niggolaus, kasch du mir nach dr Bscherong dei goldns Biachle mit dene ganze schlemme Mädla schenka? Weil sell brauchsch du ja nô nemme.

Wenn du deine Weihnachtsglogga läuda läsch, nô zoig i dir meine Chrischtbaumkügela!

**Weihnachta isch bald – ond du schtohsch
ganz oba uff meiner Wunschlischte!**

*I brauch koine guade
Vorsätz fier 's nägschde Johr.
I ben mit meine schlechte
no ned amol ganz durch.*

Die femf Faasa em Läba von ma Mâ:
Du glaubsch an dr Weihnachtsmâ.
Du glaubsch nemme an dr Weihnachtsmâ.
Du bisch dr Weihnachtsmâ.
Du siehsch aus wie dr Weihnachtsmâ.
Du riechsch wie dr Weihnachtsmâ.

```
I HAN VORGESCHTERN ÄLLE GUTSLE,
LÄBKUCHA, NÜSS OND GLÜHWAI FIER
'D GANZE WEIHNACHTSZEIT KAUFT.
DEES MACH I MORGA GLEI NOMOL.
```

**En dr Weihnachtszeit wird net gsaugt,
net büglt ond net gföhnt! Weil älle Steckdosa
sen mit Lichtrketta belegt ...**

I woiß jetzt, worom Weihnachta
als Kend so schee war:
I han die ganze Gschenk net zahla miaßa!

WEIHNACHTA KOMMET D' SCHWIEGERLEIT ZU BSUACH. I GLAUB, DESMOL LASSA MR SE REI.

**I ka heit net schaffa ganga –
s' Dierle vom Advendskalendr klemmt!**

*Weihnachta
wird a Fescht.
Wenn dr Bsuach
wiedr weg isch!*

Schwäbische Kultur pur!

In Ihrer Buchhandlung

Hartmut Ronge

Das schwäbische Jahreskaleidoskop

Älles über onsre Feschtle, Bräuch ond Feierdäg

365 Tage humorvoll erklärt:
Isch dr Niggolaus dr Weihnachtsmâ? Worom gibt's ieberhaupt Chrischdbaumkugla? Wer hot dr Muadrdaag erfonda? Kennsch dr Onderschiad zwischa Karneval, Fascheng ond Fastnacht? Fisch essa an Karfreidich – worom? Weshalb môlt mr an Oschtern die Oier bunt â? Was isch an Hemmlfahrt bassierd? Was sollet die Kürbisgsichter an Hälloween?

Ein kurzweiliges Büchle zum Stöbern, Staunen und Genießen – mit vielen interessanten Wissenshappen. So kommsch auf gut Schwäbisch durchs ganze Jahr!

160 Seiten.
ISBN: 978-3-8425-2181-0

SILBERBURG